*Vente du Vendredi 8 Décembre 1911*

# HOTEL DROUOT — SALLE N° 9

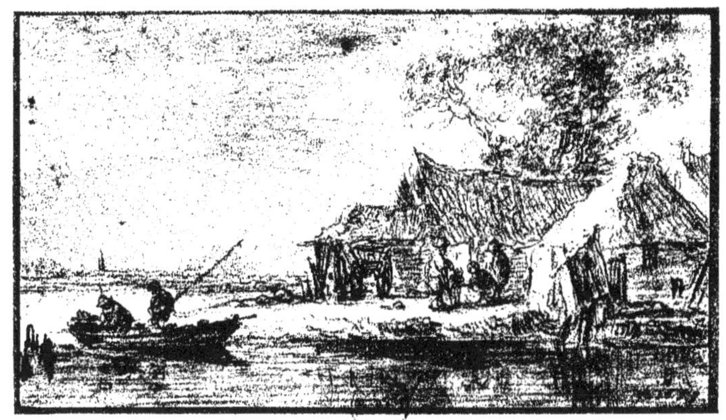

N° 83 du Catalogue.

# DESSINS ANCIENS

## &

## MODERNES

M᷆ HENRI BAUDOIN                    M. LOYS DELTEIL

EXPOSITION PUBLIQUE : HOTEL DROUOT, SALLE N° 9
LE JEUDI 7 DÉCEMBRE 1911, DE 2 A 5 HEURES

FRAZIER-SOYE

GRAVEUR-IMPRIMEUR

153-155-157, Rue Montmartre

PARIS

# CATALOGUE

DES

# D E S S I N S

## ANCIENS

&

## MODERNES

Principalement des XVI<sup>e</sup> et XVII<sup>e</sup> Siècles

ORNEMENTS, etc.

Formant la Collection d'un Amateur

---

*Dont la vente aura lieu*

à Paris, HOTEL DROUOT, Salle N° 9

Le Vendredi 8 Décembre 1911

*à 2 heures précises*

---

Par le ministère de M<sup>e</sup> HENRI BAUDOIN

COMMISSAIRE-PRISEUR

*10, Rue de La Grange-Batelière, 10*

Assisté de M. LOYS DELTEIL, Graveur et Expert

*2, Rue des Beaux-Arts*

# CONDITIONS DE LA VENTE

Elle sera faite au comptant.

Les adjudicataires paieront *dix pour cent* en sus des enchères.

M. Loys Delteil remplira les commissions que voudront bien lui confier les amateurs ne pouvant y assister.

MM. les amateurs pourront visiter la collection, 2, *rue des Beaux-Arts*, du Lundi 4 au Mercredi 6 Décembre 1911, de 2 heures à 5 heures.

Exposition Publique, Hotel Drouot, Salle n° 9, le *Jeudi 7 Décembre 1911, de 2 heures à 5 heures.*

# DÉSIGNATION

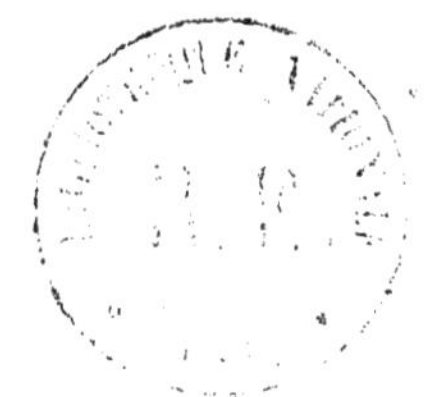

## BANDINELLI (Baccio)?

1. S<sup>te</sup> Famille. A la plume. Collection Diaz et E. R.
    H. 308. L. 227.

2. Etudes de figures nues, verso et recto. Deux dessins à la plume. Collection R. Portalis, J. Barard et Triquetti.

## BAROZZIO (F.)

3. L'Adoration des Rois. Plume et lavis de bleu. Collection Portalis — Un ange. Deux dessins.
    H. 305. L. 205.

## BECCAFUMI (attribué à)

4. Le Sacrifice d'Abraham et composition de trois figures sur le même feuillet. A la plume.
    H. 404. L. 280.

## BEGA (C.)

5. Paysanne en pied. Crayon noir avec rehauts de blanc. Signé.
    H. 308. L. 167.

## BIBIENNA

6. Plafond plafonnant. Plume et sépia avec légers rehauts. Collection A. Bérard.
    H. 425. L. 300.

## BLOEMAERT (Abraham)

7. L'Annonce aux Bergers. Signé des initiales. Plume et encre de chine.
    L. 380. H. 300.

8. Un Evêque. Au verso, études de draperie. A la sanguine.

H. 302. L. 187.

9. La Chaumière. Plume et sépia.

L. 191. H. 180.

10. L'Enfant prodigue chez les Femmes — Femme en prière. Deux dessins, plume, sépia et encre de chine.

## BOLOGNE (Ecole de Jean de)

11. Combat de Centaures et d'homme nus. A la plume. Collection R. Portalis.

L. 415. H. 195.

## BOTH (Jan)

12. Le Pont de bois. Plume et encre de chine.

L. 380. H. 275.

13. Le Portique en ruines au bord de la mer. Crayon, sépia et encre de chine. Collection Roger Portalis.

L. 377. H. 244.

## BRAMANTE (le) — VASARI (G.)

14. Motifs de Décoration architecturale. Deux dessins à la plume, lavés de sépia.

## BREUGEL (Jan)

15. Les Cascatelles. Plume et sépia, avec rehauts d'aquarelle. Signé du monograme et daté : 1618.

H. 378. L. 298.

## BREUGEL LE VIEUX (P.)

16. Prise d'une Ville. A la plume, lavé d'encre de chine.

H. 355. L. 336.

## BRY (J. Th. de) ?

17. Marche d'une Caravane. A la plume. Collection Valory.

L. 252. H. 051.

## CAMBIASO (Luca)

18. St Martin — Vénus sur les eaux — La Renommée
— La Femme et les trois Enfants. Quatre dessins
à la plume.

19. Jésus succombant sous le poids de sa Croix — Une
Sybile — Figure allégorique. Trois dessins à la
plume.

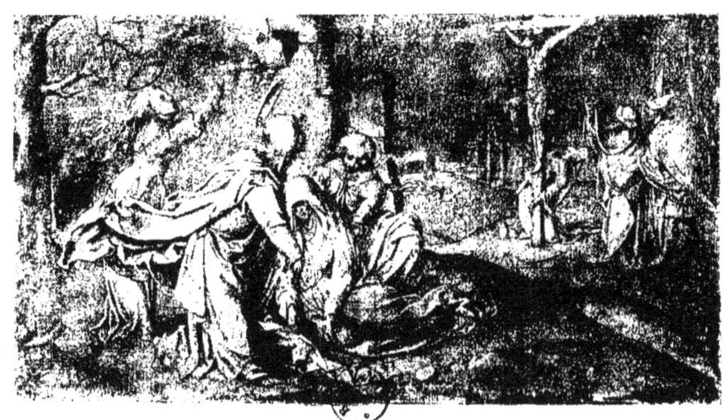

N° 49 du Catalogue.

20. Le Massacre des Innocents — S<sup>tes</sup> Familles. Trois
dessins à la plume.

21. Vénus et l'Amour — La Renommée — Hercule et
le Lion de Némée — Trois Figures. Quatre
dessins à la plume.

22. Combat singulier — Groupe d'Amours — Ronde
d'enfants — Tarquin et Lucrèce — Personnage
en pied. Cinq dessins à la plume.

## CAMPAGNOLA (Domenico)

23. Scène mythologique. A la plume. Collection
Joshua Reynolds.

L. 300. H. 238.

### CIGNANI (Carlo)

24. Le Jugement de Pâris. Plume et sépia.

L. 330. H. 225.

### CIGOLI (Lodovico Cardi, dit)

25. La Sainte Trinité adorée par des Pélerins. A la plume, lavé de bistre.

H. 382. L. 258.

### CORTE (Giusto de)

26. Monument d'un Prince sous un arc triomphal. A la plume, lavé de sépia.

H. 435. L. 233.

### DE LA FOSSE (J. C.)?

27. Chandelier. Plume et sépia.

### DE PUISIEUX (J. B.)

28. Cloture de chœur. Plume et lavis d'encre de chine.

L. 330. H. 244.

### DRIELST (Egbert van)

29. Les Grands Chênes — L'Hiver. Deux dessins. Crayon et encre de chine.

### DU BOURG (L. Fabrice)

30. Bacchanale. Crayon. Collection Beurnonville.

L. 430. H. 293.

### DYCK (École d'Ant. van)

31. Portrait d'Homme à collerette. Plume, sépia et gouache.

H. 165. L. 118.

### ECOLE ALLEMANDE (xvi<sup>e</sup> siècle)

32. Cerf dans un Paysage accidenté. Miniature.

L. 160. H. 123.

## ECOLES ANCIENNES

33. Sujets divers — Etudes. Dix dessins par ou attribués à Vanni, Passerotti, le Parmesan, etc.

34. Sujets divers et Paysages. Dix dessins attribués à
divers artistes.

35. Sujets divers. Dix dessins.

36. Sujets divers. Dix dessins.

37. Sujets divers. Dix dessins.

38. Sujets divers. Dix dessins.

39. Sujets divers. Dix dessins.

40. Sujets divers. Dix dessins.

41. Sujets divers. Dix dessins.

42. Sujets divers, études, etc. Douze dessins.

43. Sujets divers, paysages, etc Douze dessins par ou
attribués à Ann. Carrache, Zucchero, etc.

44. Sujets divers, paysages, etc. Douze dessins par ou
attribués à P. Bril, le Bolognèse, etc.

45. Sujets divers, paysages, etc. Quatorze dessins par
ou attribués à Quellinus, Cl. Lorrain, Breenberg,
etc.

46. Sujets divers, paysages, etc. Douze dessins.

47. Sujets divers, Paysages, études. Onze dessins par
ou attribués à Carnuti, della Bella, Zucchero, etc.

48. Sujets divers, Paysages, études, 15 dessins attribués à divers artistes.

## ECOLE FLAMANDE (xv⁰ siècle)

49. Le Crucifiement. Plume et lavis avec rehauts de
blanc, sur toile. Collections Vallardi et Valory.
L. 370. H. 205.

## ECOLES FLAMANDE ET HOLLANDAISE (xvııᵉ siècle)

50. Joutes sur l'eau en présence de Souverains. Plume et encre de chine.

L. 410. H. 308.

51. Scène dans un Parc. A la plume, lavé de bistre.

L. 445. H. 180.

52. Ecce Homo. Crayon et sanguine.

H. 340. L. 265.

53. Paysage de Hollande. Crayon noir.

L. 161. H 106.

54. Les Buveurs. A la plume, lavé d'encre de chine, signé : Brouwer — Paysage, crayon et encre de chine — Le Singe éducateur, encre de chine, rehauts d'aquarelle. Trois dessins.

## ECOLE FRANÇAISE (xvıᵉ siècle)

55. Allégorie religieuse — Paysage. Deux dessins à la plume. Collection Valory.

56. Lapidation de prisonniers — Scènes mythologiques. Trois dessins.

## ECOLE FRANÇAISE (1ʳᵉ moitié du xvııᵉ siècle)

57. Louis XIII jeune, assis. Crayon.

H. 326. L. 207.

## ECOLE FRANÇAISE (xvıııᵉ siècle)

58. La Pêche — La Pleureuse. Deux dessins, le second rehaussé de sanguine.

59. Salmacis et Hermaphrodite. Crayon avec rehauts de craie.

L. 390. H. 263.

60. Louis XVI et son valet de chambre Clery. Plume et encre de chine.

61. Portrait de Jeune Femme, de profil à gauche. Crayon et sanguine. Collection Valory.

H. 195. L. 150.

62. Intérieur d'un Salon. Plume et encre de chine avec rehauts d'aquarelle.

63. Sujets divers, figures de modes, études, etc. Six dessins par ou attribués à Boucher, Lépicié, Watteau de Lille, etc.  L. 422. H. 350.

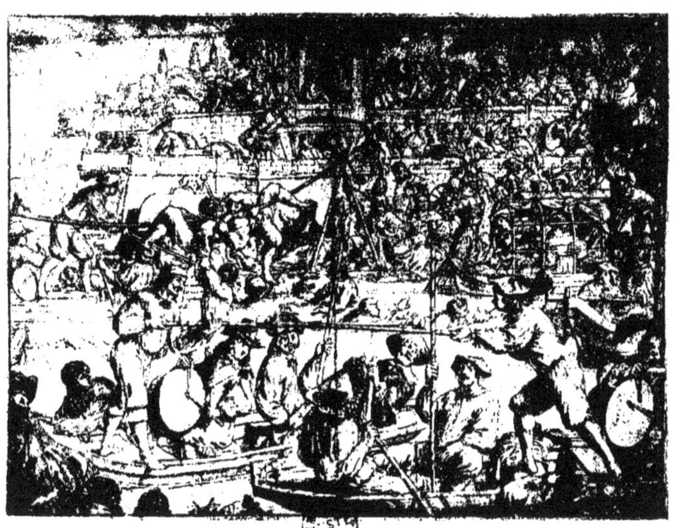

Nᵒ 50 du Catalogue.

## ECOLES ITALIENNES (xvi$^e$ siècle)

64. Sujet allégorique. A la plume, rehaussé d'aquarelle. Collection R. Portalis.  L. 335. H. 185.

65. Portrait de Jeune Homme -- Figure volante — Bataille — Moïse. Quatre dessins attribués à Balthazar de Sienne, Mathurin de Florence, P. de Cortone.

66. Sujets religieux et mythologiques, figures. Huit dessins de l'Ecole de Michel-Ange ou attribués au Parmesan, Beccafumi, Baglione, etc., plusieurs des collections Mariette et Richardson,

67. Frise — Etudes de figures — Motifs d'architecture.
Six dessins, plusieurs de l'Ecole de Michel-Ange.
Collection R. Portalis.

68. Portrait de Jeune Femme — Etudes de Figures.
Six dessins des collections Vallardi, Valory et
Roger Portalis.

### ECOLES ITALIENNES (xviiᵉ et xviiiᵉ siècles)

69. Sujets religieux, allégories, scènes mythologiques.
Neuf dessins par ou attribués à l'Albane, Gam-
barini, Sacchi, etc.

70. Sujets divers. Dix dessins par divers artistes.

71. Sujets divers. Dix dessins par ou attribués à Lan-
franc et autres.

72. Frontispice avec armoiries. Plume et sépia.
H. 223. L. 155.

73. La Résurrection — Motifs décoratifs. Trois dessins
à la plume, par J.-B. Carbone et autres.

74. Intérieur d'un Palais. Plume et encre de chine.
De forme ovale.
L. 535. H. 398.

75. Sᵗᵉ Thérèse reçue au Ciel parmi les Bienheureux.

76. Décoration de plafond. Plume et encre de chine.
L. 490. H. 348.

### ECOLE MODERNE

77. Sujets divers, Paysages et Animaux, 41 dessins.

### EECKHOUT (G. van den)

78. Scène biblique. A la plume.
H. 178. L. 155.

79. Personnage assis. Crayon et encre de chine.
H. 230. L. 136.

### FLORIS (F.). — ELZHEIMER (A.)?

80. La Nativité. Plume et lavis de bleu. Collection
Parys et R. Portalis — Crépuscule. Collection
Valory. Deux dessins.

### GABBIANI — GIORDANO (L.)

81. L'Assomption de la Vierge. Croquis et sépia, de
forme ronde — Scène de l'Histoire ancienne.
Deux dessins.

### GOLTZIUS (Ecole de)

82. Vénus et l'Amour. Aquarelle gouachée. Collection
Valory.

H. 140. L. 105.

### GOYEN (Jan van)

83. Les Chaumières au bord de l'eau. Crayon noir.
Signé des initiales et daté : 1653.

L. 190. H. 113.

### GREGOIRE D'AIX (Paul)

84. Marine. Crayon et sépia. Signé et daté : *Toulon
1782.*

L. 355. H. 210.

### GRIMALDI (Francesco), dit Le Bolognèse

85. La Plaine — Le Château au sommet de la colline.
Deux dessins à la plume.

### GUERCHIN (F. Barbieri, dit Le)

86. S⁰ Famille. Plume et sépia. Collection P. Lely.

L. 300. H. 208.

87. Feuille de croquis, recto et verso. Collection
Mariette — Etudes de Figures. Trois dessins.

88. — 89. — 90. Paysages. Dix dessins à la plume.
Trois lots.

### GUYS (Constantin)

91. La Promenade en voiture — La Voiture de maître.
Deux dessins à l'encre de chine.

### HEINSIUS ?

92. Portrait de Femme. A la pierre rouge sur papier
platré. Collection Valory.

H. 235. L. 184.

### HORST (Nicolas van)

93. Portrait d'un Seigneur dans un motif ornemental.
Signé. Crayon, sépia et encre de chine.

H. 241. L. 182.

### HUET (J. B.)

94. Deux têtes de moutons. Sanguine avec légers
rehauts. Signé et daté : 1776.

L. 285. H. 233.

### JORDAENS (Jacob)

95. Nymphe et Satyres. Crayon et sanguine.

H. 289. L. 217.

### KUPETZKY (Johannes)

96. Kupetzky (J.), par lui-même. Aquarelle sur vélin.

H. 187. L. 145.

### LA JOUE

97. Décor de théâtre. Plume et encre de chine. Signé.
Collection A. Bérard.

L. 380. H. 275.

### LALANNE (Maxime)

98. Paysage. Fusain. Signé.

L. 422. H. 264.

### LE PRINCE (J. B.)

99. Paysage au pont à deux arches. Crayon et encre
de chine. Signé et daté : 1777.

L. 277. H. 192.

### MARATTE (Carle)

100. Projet de frontispice pour un ouvrage sur les
Beaux-Arts. Sépia avec rehauts de gouache.
Collection R. Portalis.

H. 425. L. 335.

### MEYER (S.) — DRIELST (E. van), etc.

101. Paysages et Marines. Cinq dessins.

## MINIATURE PERSANE

102. Porc-épic et souris.

## NALDINI (B.)

103. La Présentation au Temple. Crayon. Collection
Mariette.

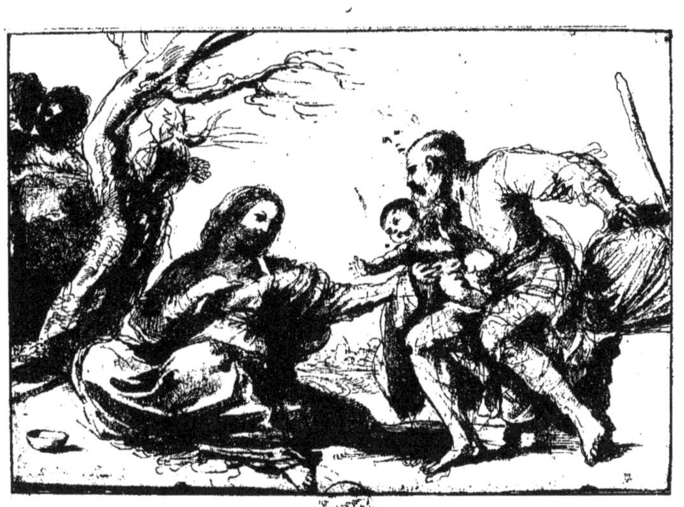

N° 86 du Catalogue.

## NETSCHER (attribué à G.)

104. Portraits de familles. Deux dessins à l'encre de
chine.

L. (de chaque dessin) 165. H. 145.

## OPPENORT (G. M.)

105. Projets de Frontispices. Quatre dessins, plume et
encre de chine.

## ORNEMENTS

106. xvi<sup>e</sup> siècle : Détails décoratifs — Porte monumentale — Coupe. Cinq dessins à la plume attribués à J. d'Udine et autres.

107. xvi<sup>e</sup> siècle : Vase — Détails décoratifs. Huit dessins par divers maîtres.

108. xvi<sup>e</sup> siècle : Détails décoratifs — Motifs d'architecture. Sept dessins à la plume, par divers maîtres.

109. Motifs de décoration (xvi<sup>e</sup> siècle). Trois dessins, plume et sépia.

110. Projets d'Autels (xvii<sup>e</sup> et xviii<sup>e</sup> siècles). Trois dessins à la plume, lavés d'encre de chine.

111. Motifs décoratifs — Fontaines — Frises — Vases, etc. Dix dessins par divers artistes des xvii<sup>e</sup> et xviii<sup>e</sup> siècles.

112. Plafonds, autels, motifs décoratifs. Huit dessins (xvii<sup>e</sup> et xviii<sup>e</sup> siècles).

113. Vases. Huit dessins (xvii<sup>e</sup> et xviii<sup>e</sup> siècles),

114. Château de Maisons, 3 vues différentes, 1718. Trois dessins à l'encre de chine.

115. Cheminée — Castel — Motifs décoratifs, époque Louis XV. Six dessins, plume, sanguine et encre de chine.

116. Motif de table, style Rocaille. A la pierre d'Italie.
L. 530. H. 225.

117. Décorations d'Intérieurs, style rocaille. Dix dessins à la plume, lavés d'aquarelle et d'encre de chine.

118. Surtouts de table, compotiers, huilier, etc., de style rocaille. Huit grands dessins à la plume, lavés d'encre de chine.

119. Baldaquin — Frises — Motif de décoration, 5 dessins, style Louis XVI.

120. Frise aux instruments de Musique. Encre de chine,
sur papier bleu avec rehauts de blanc.
L. 510. H. 056.

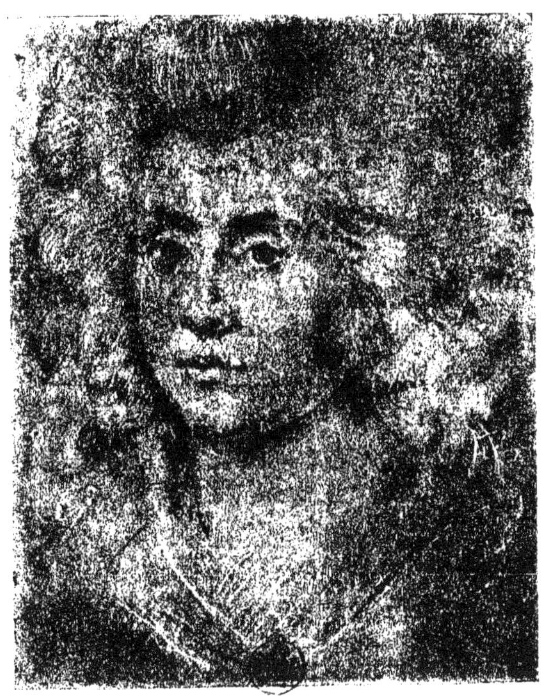

Nº 92 du Catalogue.

121. Chandelier d'Eglise, style Louis XVI. Plume et
encre de chine.
H. 415. L. 150.

122. Commode Louis XVI. Plume et encre de chine.

123. Projet pour un calendrier, époque Louis XVI.
Plume et encre de chine.

L. 245. H. 202.

124. Trumeau — Applique — Lanterne — Frises, style
Louis XVI. Six dessins à la plume, la plupart
lavés d'encre de chine.

125. Motifs décoratifs, plafonds, panneaux, etc. Dix
dessins.

126. Motifs décoratifs, vases, objets usuels, etc. Quatorze dessins.

127. Motifs décoratifs, frises, fontaines, etc. Treize dessins.

128. Motifs décoratifs. Vingt-cinq dessins.

129. Décorations de théâtre, vases, plafonds, mausolées,
etc. Dix dessins.

130. Motifs décoratifs, intérieurs, frises, etc. Dix dessins.

131. Motifs décoratifs, plafonds, etc. Dix dessins.

132. Cartouches, vases, encensoir, etc. Onze dessins
par ou attribués à Mitelli, Zarra, etc.

133. Cartouches — Motifs décoratifs. Onze dessins des
XVII° et XVIII° siècles.

134. Motifs ornementaux, broderies, objets usuels,
autels, etc. Vingt-et-un dessins, plusieurs aquarellés.

## ORSI (Lelio)

135. Double motif de frise. Plume et sépia. Collection
R. Portalis.

H. 278. L. 208.

## OSTADE (A. van)

136. Vieille au panier. Plume et encre de chine.

H. 113. L. 079.

137. Types de Paysans. Deux petits dessins aquarellés. Signés des initiales.

## OUDRY (J. B.)

138. Animaux divers. Quatre dessins au crayon noir, rehaussés de craie.

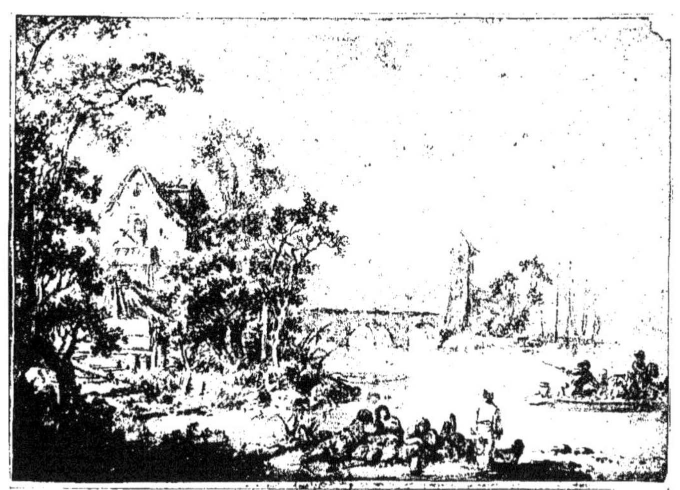

Nᵒ 99 du Catalogue.

## PAJOU (d'après)

139. L'Amour aux colombes, projet de fontaine.

## PALME LE VIEUX (I.) — PIOLA — LAURI

140. Ecce Homo — Allégorie — Le Satyre et le Paysan. Trois dessins.

## PICART (Bernard)

141. Le Contrat. Plume et encre de chine.

L. 358. H. 220.

## PONTORMO (J. Carrucci, dit le)

142. Fontaine aux satyres. A la plume, lavé d'encre de
chine.

H. 310. L. 175.

## P. M. (xviiiᵉ siècle)

143. Les Armes de la Maison de France, motif allégorique. Plume et sépia.

L. 282. H. 228.

## REMBRANDT VAN RIJN (École de)

144. Jacob et Esaü. Plume et sépia.

L. 226. H. 180.

145. Les Trompettes de Jéricho. Plume et sépia. Collections Donadieu et Valory.

L. 150. H. 240.

146. Etudes de Figures. Trois dessins à la plume.

## ROBERT (Hubert)

147. Voyageurs autour d'un feu — Le Canon. Deux
dessins, le premier aquarellé. Signés et datés.

## RUBENS (P. P.)

148. Etudes de Figures, d'apr. Michel-Ange. A la pierre
noire. Collection Lempereur.

H. 323. L. 217.

## RUISDAEL (Jacob)

149. La Haie. Crayon noir. Signé des initiales.

L. 222. H. 136.

## SAFT-LEVEN (Hermann)

150. La Vallée. Crayon et sépia.

H. 202. L. 192.

## SAFT-LEVEN — CUYP (B.) (attribué à)

151. Paysages — La Barque. Quatre dessins.

## SARTE (Andrea del)?

**152.** Etude de Figure. A la sanguine.

## SAVERY

**153.** La Conversion de S$^t$ Paul. Plume et sépia.

L. 385. H. 246.

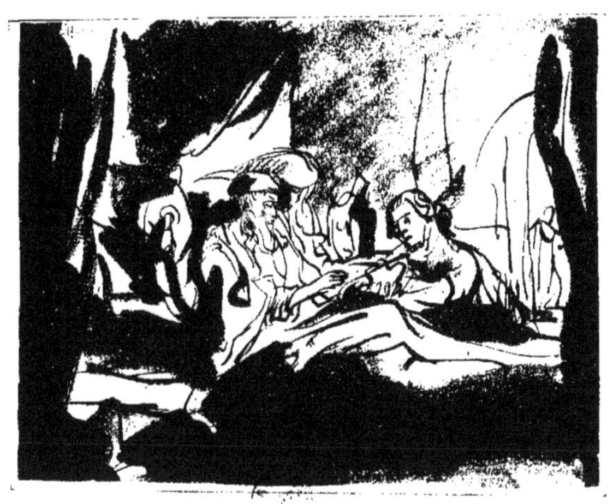

N° 144 du Catalogue.

## SPRANGER (Barth.)?

**154.** Vénus et l'Amour — Vénus, l'Amour et un Satyre.
Deux dessins à la plume, lavés d'encre de chine,

## STRADAN (Jan)

**155.** Chasse à l'Ours. Plume et sépia.

L. 520. H. 348.

## STRADAN (Jan)?

**156.** Jésus devant Caïphe. Plume et encre de chine,
avec rehauts de gouache. Signé J. S. et daté :
1582.

H. 267. L. 200.

### TÉNIERS (d'apr. D.)

157. Paysages ornés de figures. Deux dessins (un lavé d'aquarelle).

### TIEPOLO (Domenico)

158. Centaure enlevant une Femme. Deux dessins à la plume, lavés d'encre de chine. Signés.

### UDEN (Lucas van)

159. Paysage accidenté. Plume et sépia avec rehauts d'aquarelle.

L. 300. H. 181.

### UMBACH (Jonas)

160. Paysages. Deux dessins au crayon noir.

L. (de chaque dessin) 255. H. 188.

### VAGA (attribué à Perino del)

161. Scènes de l'Histoire Romaine entourant un cartouche, projet de frontispice. A la plume, lavé d'encre de chine. Collection R. Portalis.

L. 215. H. 150.

### VASARI (G.)

162. Décoration de plafond en cintre. A la plume, lavé de bistre. Collection Berard.

L. 437. H. 286.

### VELDE (Esaïas van de)

163. Le Canal gelé. Pierre noire et encre de chine.

L. 256. H. 173.

### VELDE (Wilhelm van den)

164. Marine. A l'encre de chine.

L. 392. H. 162.

### VRIESE (Vredeman de)

165. Perspective d'intérieur de Palais et de Coupole. Deux dessins à la plume, lavés de bistre. Collection A. Bérard.

## WATTEAU (attribué à Ant.)

166. Deux Personnages tenant un panier. Collection
E. R.

L. 200. H. 160.

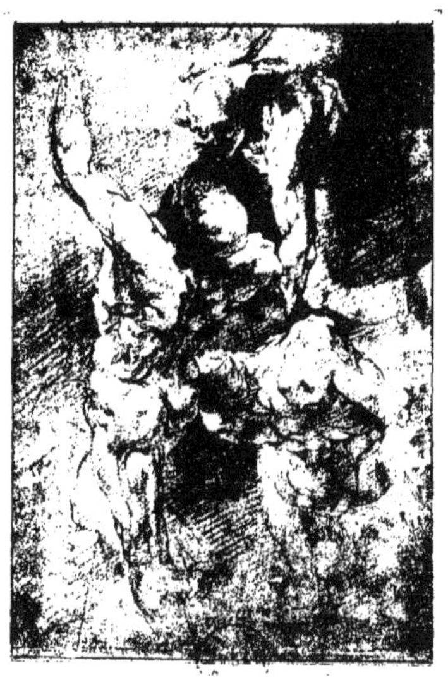

N° 148 du Catalogue.


## WEENIX (Jan)?

167. Nature morte. Plume et encre de chine. Collection
Valory.

L. 290. H. 200.


## WITTE (Pieter de), dit Candido

168. La Vierge dans une Gloire. Plume et sépia. A été
gravé par R. Sadeler.

H. 390. L. 258.

## ZUCCHERO (F. et T.)

169. Le Pape Paul III bénit la flotte de Charles-Quint, partant pour Tunis en 1535. A la plume, lavé de sépia. Collections Esdaile et Rogers.

L. 348. H. 165.

170. Groupe d'Anges. A la plume, lavé de bistre. Collection Duval Le Camus.

H. 308. L. 198.

171. Un Concert d'Anges. Plume et sépia. Signé des initiales. Collection R. Portalis.

H. 282. L. 255.

172. Ronde d'enfants. A la plume, lavé de bleu. De forme ronde. Collection R. Portalis.

Diam. 151.

173. Scène de l'Histoire ancienne — Chasse à la Salamandre — Une Famille — Une Gloire d'Anges. Quatre dessins.

---

# ESTAMPES

### BOUCHER et LANCRET (d'après)

174. Les Bergers à la fontaine — La Musique champêtre. Deux pièces par E. Fessard, se faisant pendants. Belles épreuves.

### DANLOUX (d'après H. P.)

175. Lamballe (Psse de), par Ruotte. Belle épreuve, *imp. en couleurs.*

---

176. Sous ce numéro, il sera vendu quatorze dessins anciens et modernes.

177. Sous ce numéro, il sera vendu, par petits lots, trente-neuf dessins, la plupart anciens.

FRAZIER-SOYE

Graveur-Imprimeur

153-155-157, Rue Montmartre

PARIS